Feet Go Two by Two

Adria Klein

Two feet go swinging!
Come with me!
Come on! Come on!

Four feet go jumping along
by twos! Come with us!
Come on! Come on!

2 4

Six feet go climbing along
by twos! Come with us!
Come on! Come on!

2   4   6

Eight feet go running along
by twos! Come with us!
Come on! Come on!

2   4   6   8

Ten feet go walking along
by twos!
Come with us!
Come on! Come on!

2

4

6

8

10

Twelve feet go dancing along by twos!
Come with us!
Come on! Come on!

2 4 6

8 10 12

Fourteen feet go skating along
by twos!
Come with us!
Come on! Come on!

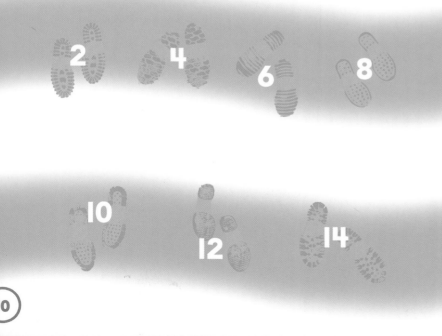

2 4 6 8

10 12 14

Sixteen feet go hiking along
by twos!

2 4 6 8

Come with us!
Come on! Come on!

10   12   14   16

Eighteen feet go digging in
by twos!

2 4 6 8

Come with us!
Come on! Come on!

Ten kids are waiting for their teacher.
How many feet are waiting?